UN COLLOQUIO DI LAVORO DI SUCCESSO

Sylvain MILON

CONTENUTI

INTRODUZIONE

Benvenuti a Réussir son entretien d'embauche! Questo libro è stato appositamente studiato per aiutarvi ad affrontare con successo il processo di selezione del personale e a superare i colloqui di lavoro. Che siate neolaureati alla ricerca del primo impiego o professionisti esperti in cerca di una nuova opportunità, i consigli e le strategie presentati in questo libro vi aiuteranno a distinguervi dalla massa e ad ottenere il lavoro dei vostri sogni.

In un mercato del lavoro competitivo, è essenziale prepararsi adeguatamente per un colloquio di lavoro. La preparazione è la chiave del successo e questo libro vi guiderà in ogni fase del processo. Inizieremo con l'importanza della preparazione e vi daremo consigli pratici su come costruire un CV efficace e scrivere una lettera di presentazione convincente.

Verranno quindi illustrate le diverse fasi di un colloquio di lavoro, spiegando come comprendere il processo di selezione, come rispondere alle domande più frequenti e come padroneggiare le tecniche di colloquio comportamentale. Imparerete anche a gestire lo stress e l'ansia durante il colloquio, nonché l'importanza del linguaggio del corpo e della comunicazione efficace.

Vi daremo consigli pratici sulla negoziazione dello stipendio e dei benefit, nonché suggerimenti su come evitare gli errori più comuni che potrebbero costarvi un'opportunità di lavoro. Inoltre, vi mostreremo come distinguervi dagli altri candidati e come utilizzare i social network in modo strategico nella vostra ricerca di lavoro.

Infine, esamineremo i colloqui telefonici e online, sempre più comuni al giorno d'oggi. Scoprirete le migliori pratiche per avere successo in questi tipi di colloqui e come seguire il colloquio in modo professionale per massimizzare le vostre possibilità di ottenere il lavoro.

CAPITOLO 1: L'IMPORTANZA DELLA PREPARAZIONE

La preparazione è una delle chiavi del successo di un colloquio di lavoro. Molti candidati ne sottovalutano l'importanza, pensando di poter contare sulle proprie competenze ed esperienze per brillare al colloquio. Tuttavia, una preparazione adeguata è ciò che separa i candidati medi da quelli eccezionali.

Innanzitutto, la preparazione vi permette di comprendere meglio l'azienda e la posizione per cui vi candidate. Fate ricerche approfondite sull'azienda, sul suo settore di attività, sulla sua cultura aziendale e sui suoi valori. Informatevi sui progetti recenti dell'azienda, sui clienti e sui concorrenti. Questa conoscenza approfondita vi aiuterà a formulare risposte pertinenti durante il colloquio e a dimostrare il vostro interesse per l'azienda.

La preparazione vi consente di familiarizzare con le competenze e le qualifiche richieste per il lavoro. Analizzate attentamente l'annuncio di lavoro e identificate le competenze chiave che il datore di lavoro sta cercando. Successivamente, esaminate la vostra esperienza e le vostre competenze e preparate esempi concreti di situazioni in cui avete dimostrato tali capacità. In questo modo potrete dare risposte precise alle domande sulle vostre qualifiche e convincere il datore di lavoro che siete il candidato ideale per il lavoro.

La preparazione comprende anche la preparazione delle risposte alle domande che vengono comunemente poste durante i colloqui di lavoro. Ci sono alcune domande che vengono poste di frequente, come "Mi parli di lei", "Quali sono i suoi punti di forza e di debolezza?", "Perché vuole lavorare per la nostra azienda?". Pensate a queste domande in anticipo e preparate risposte chiare e concise. Esercitandovi a formularle, vi sentirete più a vostro agio durante il colloquio ed eviterete risposte strampalate o incoerenti.

Un altro aspetto importante della preparazione è la pratica del colloquio. Esercitatevi a rispondere alle domande con un amico o un familiare. Fate dei finti colloqui per familiarizzare con il processo e abituarvi a parlare dei vostri risultati e delle vostre capacità. Chiedete al vostro interlocutore di darvi un feedback costruttivo sul vostro linguaggio del corpo, sul tono di voce e sulla capacità di trasmettere le vostre idee in modo chiaro e convincente.

Infine, non dimenticate di preparare le vostre domande per il datore di lavoro. Alla fine del colloquio, è normale che il datore di lavoro vi chieda se avete delle domande. Questa è un'opportunità per dimostrare il vostro interesse e la vostra curiosità nei confronti dell'azienda e del lavoro. Preparate alcune domande pertinenti sull'azienda, sul reparto in cui lavorerete, sulle opportunità di crescita, ecc. In conclusione, la preparazione è la chiave per un colloquio di lavoro di successo.

Vi permette di conoscere meglio l'azienda, di familiarizzare con le competenze richieste, di preparare le risposte e di esercitarvi in anticipo. Investendo tempo ed energie nella vostra preparazione, aumenterete notevolmente le vostre possibilità di ottenere il lavoro. Ricordate che una preparazione accurata è il primo passo verso il successo professionale.

Che siate principianti o professionisti esperti, "Réussir son entretien d'embauche" vi darà gli strumenti necessari per avere successo in un colloquio di lavoro.

CAPITOLO 2: COMPRENDERE IL PROCESSO DI SELEZIONE

Il processo di selezione per un colloquio di lavoro può variare da un'azienda all'altra, ma in generale ci sono alcune fasi comuni che la maggior parte dei datori di lavoro segue. Comprendere questo processo di selezione vi aiuterà a prepararvi meglio e ad affrontare ogni fase con fiducia. In questo capitolo esamineremo le diverse fasi del processo di selezione e vi daremo consigli su come avere successo in ciascuna di esse.

1. Screening: in molte aziende, la prima fase del processo di selezione consiste nello screening delle candidature. I datori di lavoro esaminano i CV e le lettere di presentazione per individuare i candidati più adatti. Per superare questa fase, assicuratevi che il vostro CV sia chiaro, conciso e pertinente al lavoro. Evidenziate le vostre esperienze e competenze più rilevanti per attirare l'attenzione dei selezionatori.

2. Il primo colloquio: una volta selezionati, di solito sarete invitati a un primo colloquio. Può trattarsi di un colloquio

telefonico, di un colloquio faccia a faccia o di un colloquio online. Lo scopo di questa fase è quello di conoscervi meglio come candidati. Preparatevi rispondendo alle domande più frequenti, dimostrando motivazione e professionalità. Siate pronti a spiegare il vostro percorso professionale e a mettere in evidenza i vostri successi passati.

3. Valutazioni: alcuni datori di lavoro utilizzano valutazioni per valutare le competenze dei candidati. Questi possono includere test di personalità, test di competenze tecniche, giochi di ruolo o casi di studio. Informatevi in anticipo sui tipi di valutazione utilizzati dall'azienda e preparatevi di conseguenza. Esercitatevi con i test e familiarizzate con le competenze e le conoscenze da valutare.

4. Colloqui successivi: se superate il primo colloquio, potreste essere invitati a partecipare a ulteriori colloqui. Questi colloqui possono coinvolgere responsabili delle risorse umane, team manager o dirigenti aziendali. Ogni colloquio avrà i suoi obiettivi, quindi è importante capire il ruolo di ogni persona che incontrerete e adattare il vostro discorso di conseguenza. Mostrate il vostro interesse per l'azienda, ponete domande pertinenti e dimostrate come potreste contribuire al suo successo.

5. Controllo delle referenze: prima di prendere una decisione definitiva, i datori di lavoro possono effettuare un controllo delle referenze. Assicuratevi di avere delle referenze professionali pronte da condividere. Contattate i vostri ex datori di lavoro o colleghi per ottenere il loro consenso e informateli delle posizioni per cui vi siete candidati. Assicuratevi di fornire referenze che possano attestare la vostra esperienza e le vostre competenze rilevanti per la posizione.

6. L'offerta di lavoro: se avete completato con successo tutte le

fasi precedenti, potreste ricevere un'offerta di lavoro. Prendetevi il tempo necessario per valutare attentamente l'offerta e, se necessario, negoziatene le condizioni. Assicuratevi di aver compreso le responsabilità del lavoro, la retribuzione, i benefit e le condizioni di lavoro prima di accettare.

Conoscere il processo di selezione è essenziale per prepararsi adeguatamente e massimizzare le proprie possibilità di successo. Conoscendo ogni fase e preparandovi di conseguenza, potrete dimostrare il vostro valore e convincere i datori di lavoro che siete il candidato ideale per il lavoro. Ricordate che ogni fase è un'opportunità per brillare e mostrare ciò che potete apportare all'azienda.

CAPITOLO 3: COSTRUIRE UN CV EFFICACE

Il CV è uno degli elementi chiave della vostra candidatura e svolge un ruolo decisivo nel processo di selezione. Un CV ben costruito e d'impatto può aiutarvi a distinguervi dalla massa dei candidati. In questo capitolo esploreremo gli elementi essenziali di un CV di successo e vi daremo consigli su come costruire un CV che catturi l'attenzione dei selezionatori.

1. Formato chiaro e professionale: scegliete un formato chiaro e professionale per il vostro CV. Utilizzate titoli, sezioni distinte e un layout equilibrato. Assicuratevi che le informazioni siano ben organizzate e facili da leggere. Utilizzate un carattere professionale e assicuratevi che la dimensione dei caratteri sia adeguata.

2. Informazioni personali: iniziate il vostro CV inserendo le vostre informazioni personali. Si tratta di nome e cognome, indirizzo, numero di telefono e indirizzo e-mail. Assicuratevi che queste informazioni siano aggiornate e professionali.

3. Obiettivo professionale: a seconda dei vostri dati personali,

potete includere un obiettivo professionale. Questo obiettivo deve essere conciso e specifico. Deve dimostrare il vostro interesse per la posizione e mettere in evidenza le vostre principali competenze e obiettivi di carriera.

4. Esperienze professionali: la sezione delle esperienze professionali è una delle parti più importanti del vostro CV. Iniziate dalla vostra esperienza più recente e procedete a ritroso. Includete il nome dell'azienda, le date di assunzione, la qualifica e una descrizione delle responsabilità e dei risultati principali. Concentratevi sui risultati ottenuti e sulle competenze sviluppate.

5. Formazione accademica: dopo la sezione dedicata all'esperienza professionale, inserite una sezione sulla vostra formazione accademica. Indicate i diplomi conseguiti, gli istituti frequentati e gli anni in cui li avete conseguiti. Se avete dei riconoscimenti accademici rilevanti, non esitate a inserirli.

6. Competenze: una sezione dedicata alle competenze è essenziale per evidenziare i vostri punti di forza e le vostre qualifiche. Dividete questa sezione in competenze tecniche e competenze trasversali. Includete le competenze specifiche relative alla posizione per cui vi state candidando, oltre a quelle generali come la capacità di risolvere i problemi, la gestione del tempo e la comunicazione.

7. Risultati e progetti: se avete dei risultati o dei progetti degni di nota, non dimenticate di inserirli in una sezione dedicata. Può trattarsi di risultati professionali, progetti accademici o contributi significativi in settori rilevanti.

8. Lingue e competenze informatiche: se parlate diverse lingue o avete competenze informatiche specifiche, assicuratevi di

menzionarle nel vostro CV. Questo può essere un vantaggio importante, soprattutto se le competenze linguistiche o informatiche sono rilevanti per il lavoro.

9. Referenze: infine, è possibile includere una sezione sulle referenze. Indicate che le referenze sono disponibili su richiesta. Assicuratevi di avere solide referenze professionali pronte da condividere, se necessario.

Quando costruite il vostro CV, non dimenticate di adattarlo al lavoro e all'azienda a cui vi candidate. Adattate il vostro contenuto e le vostre competenze alle esigenze specifiche di ciascun datore di lavoro. Rileggete attentamente il vostro CV per eliminare gli errori ortografici e grammaticali e assicuratevi che sia chiaro e conciso.

Un CV efficace è una risorsa preziosa nella ricerca di lavoro. Costruendo un CV ben strutturato e mettendo in evidenza le vostre esperienze e competenze rilevanti, aumenterete le possibilità di attirare l'attenzione dei selezionatori e di ottenere un colloquio.

CAPITOLO 4: SCRIVERE UNA LETTERA DI PRESENTAZIONE CONVINCENTE

La lettera di presentazione è una parte essenziale della vostra candidatura. È la vostra occasione per convincere i selezionatori che siete il candidato ideale per il lavoro. In questo capitolo esploreremo gli elementi chiave di una lettera di presentazione convincente e vi daremo consigli su come scrivere una lettera che catturi l'attenzione dei datori di lavoro.

1. Intestazione professionale: iniziate la lettera di presentazione con un'intestazione professionale. Includete il vostro nome, indirizzo, numero di telefono e indirizzo e-mail. Allineate queste informazioni sul lato destro della pagina.

2. Destinatario e data: sotto l'intestazione, indicate il nome dell'azienda, il nome del selezionatore o del responsabile delle risorse umane e l'indirizzo dell'azienda. Subito dopo, indicate la data in cui scrivete la lettera.

3. Saluto appropriato: utilizzate un saluto appropriato, come

"Gentile Signora" o "Gentile Signore", seguito dal nome del selezionatore o del responsabile delle risorse umane. Se non conoscete il nome del destinatario, potete usare "Caro selezionatore" o "Caro responsabile delle risorse umane".

4. Introduzione incisiva: Iniziate la vostra lettera di presentazione con un'introduzione incisiva che catturi l'attenzione del lettore. Esprimete fin dall'inizio il vostro interesse per il lavoro e per l'azienda. Potete iniziare con una frase ad effetto, un aneddoto o una citazione pertinente.

5. Evidenziare le vostre competenze ed esperienze: nel corpo della lettera, mettete in evidenza le vostre competenze ed esperienze che sono rilevanti per la posizione per la quale vi state candidando. Fate un collegamento tra le vostre qualifiche e i requisiti del lavoro. Utilizzate esempi concreti per illustrare i vostri risultati passati e le competenze che potete apportare all'azienda.

6. Personalizzazione: personalizzate la lettera di presentazione per ogni azienda. Fate una ricerca sull'azienda e identificatene le esigenze, i valori e gli obiettivi. Utilizzate queste informazioni per dimostrare come potete contribuire al raggiungimento di questi obiettivi e inserirvi nella cultura aziendale.

7. Motivazione e interesse: dimostrate la vostra motivazione e il vostro interesse per il lavoro e l'azienda. Spiegate perché siete entusiasti di lavorare per questa specifica azienda e come potete contribuire al suo successo. Mostrate passione e determinazione nella vostra lettera.

8. Chiarezza e concisione: scrivete la lettera in modo chiaro e conciso. Evitate frasi lunghe e paragrafi densi. Utilizzate frasi

semplici ed evitate il gergo tecnico. Assicuratevi che le vostre idee siano ben organizzate e facili da seguire.

9. Conclusione d'impatto: Concludete la lettera di presentazione con una conclusione d'impatto. Ribadite il vostro interesse per la posizione e la vostra disponibilità a un colloquio. Ringraziate il destinatario per aver dedicato del tempo alla lettura della vostra lettera e includete i vostri recapiti per un eventuale follow-up.

10. Firma: concludete la lettera di presentazione con una frase cortese come "Cordiali saluti". Includete il vostro nome e la vostra firma autografa.

Quando scrivete la lettera di presentazione, ricordate di correggerla attentamente per eliminare gli errori di ortografia e grammatica. Assicuratevi inoltre che la lettera sia ben formattata e che corrisponda alle aspettative professionali.

Una lettera di presentazione convincente può fare la differenza nel processo di selezione. Mettendo in evidenza le vostre competenze, la vostra motivazione e il vostro interesse per l'azienda, aumenterete le possibilità di attirare l'attenzione dei selezionatori e di ottenere un colloquio.

CAPITOLO 5: PREPARAZIONE ALLE DOMANDE PIÙ FREQUENTI

Durante un colloquio di lavoro, i selezionatori pongono spesso domande per valutare le vostre competenze, la vostra esperienza e la vostra idoneità alla posizione. Prepararsi a queste domande è essenziale per poter rispondere in modo chiaro, conciso e convincente. In questo capitolo esamineremo alcune delle domande più comuni che vengono poste durante i colloqui di lavoro e vi daremo consigli su come prepararvi a rispondere in modo efficace.

1. Parlami di te: Questa domanda viene spesso posta per darvi l'opportunità di presentarvi brevemente. Preparate una risposta concisa che metta in evidenza le vostre qualifiche, la vostra esperienza e i vostri obiettivi di carriera. Concentratevi sugli elementi più rilevanti per la posizione per cui vi state candidando.

2. Perché vuole lavorare per la nostra azienda? Questa domanda mira a valutare il vostro interesse e la vostra conoscenza dell'azienda. Prima del colloquio, fate una ricerca approfondita

sull'azienda e identificatene i valori, la cultura e i risultati. Evidenziate gli aspetti che vi attraggono e spiegate in che modo il vostro profilo corrisponde a ciò che l'azienda sta cercando.

3. Quali sono i vostri punti di forza e di debolezza? Quando parlate dei vostri punti di forza, evidenziate le vostre competenze chiave e i vostri risultati passati. Siate specifici e fornite esempi concreti per illustrare i vostri punti. Per quanto riguarda i punti deboli, identificatene uno o due che non sono critici per il lavoro e spiegate le misure che state adottando per migliorarli.

4. Dove si vede tra cinque anni? Questa domanda valuta la vostra visione a lungo termine e le vostre ambizioni professionali. Siate realistici nelle vostre risposte e sottolineate il vostro desiderio di progredire e di affrontare nuove sfide. Evitate risposte troppo generiche e cercate di collegare la vostra visione all'azienda e alla posizione per cui vi candidate.

5. Come gestisce lo stress e le situazioni difficili? I datori di lavoro cercano candidati in grado di gestire lo stress e le difficoltà con calma ed efficacia. Preparate esempi concreti di situazioni stressanti che avete incontrato in passato e spiegate come le avete gestite. Evidenziate le vostre capacità di gestione del tempo, di risoluzione dei problemi e di comunicazione.

6. Mi parli di un progetto o di un risultato di cui è orgoglioso: Selezionate un risultato o un progetto rilevante per il ruolo e spiegatene i dettagli. Concentratevi sulle sfide che avete affrontato, sui passi che avete fatto per superarle e sui risultati che avete ottenuto. Mostrate come questa esperienza dimostri la vostra capacità di raggiungere gli obiettivi e di apportare valore all'azienda.

7. Come lavora in gruppo? Questa domanda mira a valutare la vostra capacità di lavorare con gli altri. Preparate esempi di progetti o situazioni in cui avete lavorato efficacemente in gruppo. Evidenziate le vostre capacità di comunicazione, la vostra capacità di ascoltare gli altri, la vostra flessibilità e il vostro impegno verso obiettivi comuni.

8. Perché ha lasciato il suo ultimo lavoro? Se avete lasciato un lavoro precedente, siate onesti e positivi nella vostra risposta. Evitate di criticare il vostro precedente datore di lavoro e concentratevi sulle ragioni professionali che vi hanno spinto a cercare nuove opportunità. Concentratevi su ciò che avete imparato dall'esperienza e sulle competenze acquisite.

9. Ha delle domande da porci? Alla fine del colloquio, di solito vi verrà data la possibilità di porre le vostre domande. Preparate un elenco di domande pertinenti sull'azienda, sulla posizione, sulla cultura aziendale o sulle opportunità di sviluppo. In questo modo dimostrerete il vostro interesse per l'azienda e il vostro desiderio di saperne di più.

Quando vi preparate a rispondere a queste domande, prendetevi del tempo per pensare alle vostre risposte ed esercitatevi ad alta voce. Assicuratevi che le vostre risposte siano chiare e concise, utilizzando esempi concreti per illustrare i vostri punti. Tenete presente che l'obiettivo è dimostrare come le vostre competenze, esperienze e personalità corrispondano alle esigenze dell'azienda e del lavoro.

CAPITOLO 6: SVILUPPARE BUONE CAPACITÀ DI COMUNICAZIONE

Le capacità comunicative sono essenziali in tutti gli aspetti della vita professionale, compresi i colloqui di lavoro. Una buona comunicazione vi permette di esprimere chiaramente le vostre idee, di entrare in contatto con gli altri e di trasmettere efficacemente il vostro messaggio. In questo capitolo analizzeremo l'importanza delle capacità comunicative nei colloqui di lavoro e vi daremo consigli su come svilupparle.

1. Ascolto attivo: una buona comunicazione inizia con l'ascolto attivo. Durante un colloquio, ascoltate attentamente le domande che vi vengono poste e assicuratevi di aver capito cosa vi viene chiesto. Prendete tempo per pensare prima di rispondere e siate aperti a commenti e suggerimenti. Ascoltando attentamente, sarete in grado di formulare risposte pertinenti e appropriate.

2. Chiarezza e concisione: quando rispondete alle domande, siate chiari e concisi. Evitate frasi lunghe e complesse che potrebbero confondere il messaggio. Utilizzate un linguaggio semplice e

diretto per trasmettere efficacemente le vostre idee. Organizzate le vostre idee in modo logico e utilizzate esempi concreti per illustrare i vostri punti.

3. Linguaggio non verbale: il linguaggio non verbale svolge un ruolo importante nella comunicazione. Prestate attenzione al linguaggio del corpo, alla postura e alle espressioni facciali durante il colloquio. Mantenete il contatto visivo con i selezionatori e mostrate impegno e interesse nelle vostre interazioni. Una comunicazione non verbale positiva rafforza il vostro messaggio e trasmette fiducia e professionalità.

4. Adattabilità: la capacità di adattarsi a persone diverse è fondamentale nella comunicazione. Ogni selezionatore può avere uno stile di comunicazione diverso, quindi è importante adattarsi di conseguenza. Adattate il tono, il linguaggio e il livello di dettaglio in base all'interlocutore. Prestate attenzione ai segnali non verbali e adattate la vostra comunicazione di conseguenza.

5. Gestione dei conflitti: la gestione dei conflitti è parte integrante delle competenze comunicative. Se durante il colloquio vi trovate di fronte a una domanda difficile o a una situazione delicata, mantenete la calma e la professionalità. Ascoltate attentamente i punti di vista degli altri, esprimetevi con rispetto e cercate soluzioni costruttive. La capacità di gestire efficacemente i conflitti dimostra la vostra maturità e la vostra capacità di lavorare in gruppo.

6. Pratica della comunicazione: per sviluppare le vostre capacità comunicative, esercitatevi regolarmente. Partecipate a conversazioni, dibattiti o presentazioni. Fate esercizi di improvvisazione per migliorare la vostra reattività e adattabilità. Utilizzate risorse online per esercitarvi a rispondere alle domande dei colloqui. Più vi eserciterete, più acquisirete sicurezza e capacità

di comunicazione.

7. Feedback e miglioramento: chiedete un feedback dopo il colloquio per scoprire i vostri punti di forza comunicativi e le aree di miglioramento. Utilizzate questo feedback per migliorare e perfezionare continuamente il vostro stile di comunicazione. Siate aperti a consigli e suggerimenti e usateli per svilupparvi professionalmente.

Sviluppando buone capacità di comunicazione, sarete in grado di trasmettere il vostro messaggio in modo chiaro, di entrare in contatto con i selezionatori e di creare un'impressione positiva ai colloqui di lavoro. Esercitatevi regolarmente, prestate attenzione ai segnali non verbali e adattate la vostra comunicazione in base all'interlocutore. Una comunicazione efficace è un bene prezioso per il vostro successo professionale.

CAPITOLO 7:
GESTIRE LO STRESS
E L'ANSIA DURANTE
IL COLLOQUIO

I colloqui di lavoro possono essere situazioni stressanti e ansiogene per molti candidati. Lo stress e l'ansia possono influire sulle vostre prestazioni e sulla vostra capacità di trasmettere il vostro lato migliore ai selezionatori. In questo capitolo esamineremo l'importanza di gestire lo stress e l'ansia durante il colloquio e vi daremo consigli su come superarli.

1. Capire lo stress: il primo passo per gestire lo stress e l'ansia durante un colloquio è capire le fonti dello stress. Identificate i pensieri negativi, le apprensioni e le paure che contribuiscono alla vostra ansia. Ad esempio, potreste temere di non rispondere correttamente alle domande, di non essere all'altezza delle aspettative o di essere giudicati dai selezionatori. Identificando queste fonti di stress, potrete gestirle meglio.

2. Prepararsi adeguatamente: una preparazione accurata è essenziale per ridurre lo stress associato al colloquio. Più siete preparati, più sarete sicuri delle vostre risposte. Fate

ricerche sull'azienda, sul lavoro e sulle domande che vengono comunemente poste durante il colloquio. Esercitatevi a rispondere a queste domande e preparate esempi concreti per illustrare le vostre competenze e i vostri risultati. Quanto più vi sentirete preparati, tanto minore sarà lo stress.

3. Utilizzare tecniche di rilassamento: prima del colloquio, utilizzate tecniche di rilassamento per calmare la mente e il corpo. La respirazione profonda, la meditazione, la visualizzazione positiva o l'esercizio fisico possono aiutare a ridurre lo stress e l'ansia. Prendetevi qualche minuto per rilassarvi e concentrarvi prima del colloquio. Questo vi aiuterà ad affrontare il colloquio con uno stato d'animo più calmo e rilassato.

4. Adottare una mentalità positiva: coltivare una mentalità positiva prima e durante il colloquio. Sostituite i pensieri negativi con affermazioni positive. Ricordate i vostri punti di forza, le vostre capacità e i risultati ottenuti in passato. Immaginate di riuscire a sostenere il colloquio e di rispondere alle domande con sicurezza. Una mentalità positiva vi aiuterà a rimanere motivati e a superare lo stress.

5. Siate consapevoli del vostro linguaggio del corpo: il vostro linguaggio del corpo può influenzare il vostro livello di stress. Prestate attenzione alla postura, alla respirazione e all'espressione del viso durante il colloquio. Mantenete una postura eretta, respirate profondamente per rilassarvi e sorridete in modo naturale. Un linguaggio del corpo sicuro invia segnali positivi ai selezionatori e vi aiuta a sentirvi più a vostro agio.

6. Rimanere concentrati sul presente: L'ansia può spesso essere alimentata da pensieri sul futuro. Durante il colloquio, concentratevi sul presente e sulla domanda che vi viene posta. Ascoltate attentamente, prendete tempo per pensare prima di

rispondere ed evitate di preoccuparvi delle domande successive o dei risultati futuri. Concentrandovi sul momento presente, vi sentirete più a vostro agio e più coinvolti nel colloquio.

7. Accettate l'imperfezione: ricordate che nessuno è perfetto e i selezionatori non si aspettano che rispondiate perfettamente a tutte le domande. Accettate che possiate commettere degli errori o avere dei momenti di vuoto. Mantenete la calma e reagite con sicurezza quando ciò accade. I selezionatori spesso apprezzano la capacità di affrontare gli imprevisti in modo professionale.

8. Imparare da ogni colloquio: ogni colloquio è un'opportunità di apprendimento, qualunque sia il risultato. Dopo il colloquio, prendetevi del tempo per riflettere sulla vostra prestazione, su ciò che ha funzionato e su ciò che potrebbe essere migliorato. Utilizzate queste informazioni per prepararvi ancora meglio ai colloqui futuri. Ogni esperienza vi renderà più sicuri di voi stessi e più bravi a gestire lo stress e l'ansia.

Gestendo lo stress e l'ansia durante il colloquio, sarete in grado di presentarvi con maggiore sicurezza e di dare il meglio di voi stessi. Una preparazione adeguata, tecniche di rilassamento, una mentalità positiva e l'attenzione al linguaggio del corpo vi aiuteranno a superare lo stress e a sentirvi più a vostro agio ai colloqui di lavoro.

CAPITOLO 8: PADRONEGGIARE LE TECNICHE DI INTERVISTA COMPORTAMENTALE

I colloqui comportamentali stanno diventando sempre più comuni nei processi di selezione. Questi colloqui si concentrano sul comportamento passato del candidato per prevedere il comportamento futuro in situazioni simili. La padronanza delle tecniche di colloquio comportamentale può aiutarvi a rispondere in modo accurato e convincente a domande basate sulle competenze e sul comportamento. In questo capitolo esamineremo i principi del colloquio comportamentale e vi daremo consigli su come affrontarlo con successo.

1. Comprendere il metodo STAR: il metodo STAR (Situazione, Compito, Azione, Risultato) è comunemente utilizzato nei colloqui comportamentali. Aiuta a strutturare le risposte fornendo esempi concreti di comportamenti passati. La situazione descrive il contesto, il compito rappresenta la sfida o l'obiettivo, l'azione descrive le misure adottate e il risultato descrive i risultati ottenuti.

2. Preparate esempi concreti: Prima del colloquio, individuate esempi concreti di comportamenti passati che mettano in luce le vostre capacità ed esperienze. Rivedete la vostra storia professionale e individuate le situazioni in cui avete dimostrato leadership, capacità di risolvere i problemi, lavoro di squadra o altre abilità rilevanti. Preparatevi a descrivere questi esempi utilizzando il metodo STAR.

3. Siate specifici: quando rispondete alle domande sul comportamento, siate specifici nelle vostre risposte. Fornite dettagli concreti sulle situazioni, sulle azioni intraprese e sui risultati ottenuti. Evitate risposte vaghe o generiche. Più sarete specifici, più convincerete i selezionatori.

4. Evidenziate le vostre competenze chiave: I colloqui comportamentali sono un'opportunità per mettere in luce le vostre competenze chiave. Identificate le competenze più importanti per il lavoro e preparate degli esempi che dimostrino la vostra padronanza di tali competenze. Evidenziate i vostri risultati, le sfide che avete affrontato e il modo in cui avete utilizzato le vostre capacità per superarle.

5. Usate risultati misurabili: quando descrivete i risultati delle vostre azioni, usate dati quantificabili ogni volta che è possibile. Ad esempio, citate i dati di vendita, i risparmi sui costi, i miglioramenti delle prestazioni o i tassi di soddisfazione dei clienti. I risultati misurabili rafforzano la vostra credibilità e dimostrano l'impatto delle vostre azioni.

6. Rimanere concentrati sui comportamenti positivi: Quando rispondete alle domande sul comportamento, concentratevi sui comportamenti positivi che avete adottato. Evidenziate la vostra capacità di risolvere i problemi, di lavorare in gruppo, di prendere

l'iniziativa e di gestire in modo costruttivo le situazioni difficili. Evitate di parlare di comportamenti negativi o di situazioni in cui avete fallito.

7. Esercitatevi a rispondere: esercitatevi a rispondere alle domande sul comportamento utilizzando il metodo STAR. Esercitatevi a descrivere le situazioni, a identificare i compiti svolti, a spiegare le azioni intraprese e a descrivere i risultati ottenuti. Più vi eserciterete, più vi sentirete a vostro agio durante il colloquio.

8. Siate pronti a spiegare le lezioni apprese: quando condividete i vostri esempi di comportamento, siate pronti a spiegare le lezioni che avete imparato da queste esperienze. Parlate delle modifiche apportate, delle competenze sviluppate o delle strategie messe in atto per migliorare i risultati. I selezionatori apprezzano i candidati in grado di riflettere sulle proprie esperienze e di trarne insegnamento.

I colloqui comportamentali possono essere una sfida, ma comprendendo i principi di base e preparandovi adeguatamente, sarete in grado di rispondere alle domande poste in modo accurato e convincente. Utilizzate il metodo STAR, preparate esempi concreti e mettete in evidenza le vostre competenze chiave. Con la pratica e la fiducia, potrete padroneggiare il colloquio comportamentale e dimostrare il vostro valore ai selezionatori.

CAPITOLO 9: USARE IL LINGUAGGIO DEL CORPO A PROPRIO VANTAGGIO

Durante un colloquio di lavoro, il linguaggio del corpo gioca un ruolo fondamentale nel modo in cui venite percepiti dai selezionatori. La postura, i gesti, l'espressione del viso e il contatto visivo possono influenzare il modo in cui il vostro messaggio viene recepito. In questo capitolo esploreremo l'importanza del linguaggio del corpo in un colloquio di lavoro e vi daremo consigli su come usarlo a vostro vantaggio.

1. Mantenere una postura sicura: La postura è un elemento chiave del linguaggio del corpo. Mantenete una postura eretta e aperta per dimostrare la vostra sicurezza. Evitate di accasciarvi o di incrociare le braccia, perché potreste dare l'impressione di essere chiusi o insicuri. Una postura sicura trasmette un'immagine positiva e rafforza la vostra presenza al colloquio.

2. Contatto visivo: il contatto visivo è una parte essenziale della comunicazione. Quando parlate con i selezionatori, mantenete un contatto visivo regolare per dimostrare il vostro impegno e

interesse. Evitate di distogliere continuamente lo sguardo o di abbassarlo, perché può dare l'impressione che non abbiate fiducia. Fate attenzione a non mantenere un contatto visivo eccessivo, perché potrebbe essere percepito come aggressivo.

3. Sorridere naturalmente: un sorriso caloroso può creare un'impressione positiva durante il colloquio. Sorridete in modo naturale e appropriato durante il colloquio, soprattutto quando vi presentate o condividete informazioni positive. Il sorriso trasmette un atteggiamento positivo e un'apertura alla conversazione.

4. Usare gesti appropriati: I gesti possono migliorare la comunicazione, ma è importante usarli in modo appropriato. Usate gesti naturali e misurati per accompagnare le parole e sottolineare i punti importanti. Evitate gesti eccessivi, agitati o ripetitivi, perché possono distrarre i selezionatori. Siate consapevoli del vostro linguaggio corporeo e usatelo per sostenere ciò che dite.

5. Evitare i movimenti nervosi: durante il colloquio, fate attenzione ai movimenti nervosi come giocare con la penna, battere le dita o scuotere la gamba. Questi movimenti possono dare l'impressione che siate ansiosi o distratti. Cercate di rimanere calmi e controllati, tenendo sotto controllo i movimenti.

6. Siate ricettivi agli indizi non verbali dei reclutatori: oltre a padroneggiare il vostro linguaggio del corpo, prestate attenzione agli indizi non verbali dei reclutatori. Osservate il loro linguaggio corporeo alla ricerca di segnali di interesse, preoccupazione o disaccordo. Adattate la vostra comunicazione di conseguenza per rispondere ai loro segnali e stabilire un legame migliore.

7. Adattare il linguaggio del corpo alla cultura dell'azienda: ogni azienda ha la sua cultura e i suoi standard di linguaggio del corpo. Fate una ricerca sull'azienda per capire il suo stile di comunicazione e adattate il vostro linguaggio del corpo di conseguenza. Ad esempio, alcune aziende possono apprezzare un linguaggio del corpo più rilassato e informale, mentre altre si aspettano un approccio più formale.

8. Esercitatevi con il linguaggio del corpo: per usare il linguaggio del corpo a vostro vantaggio, esercitatevi davanti a uno specchio o con un amico. Osservate le vostre espressioni, i gesti e la postura e, se necessario, modificateli. Fate dei finti colloqui per abituarvi a usare il linguaggio del corpo in modo efficace e naturale.

Il linguaggio del corpo può rafforzare il vostro messaggio e trasmettere un'immagine positiva durante un colloquio di lavoro. Mantenendo una postura sicura, stabilendo un contatto visivo, sorridendo in modo naturale e usando gesti appropriati, potete stabilire un legame più forte con i selezionatori. Esercitatevi nel linguaggio del corpo e adattatelo alla cultura aziendale per massimizzare il vostro impatto al colloquio.

CAPITOLO 10: NEGOZIAZIONE DI STIPENDIO E BENEFIT

La negoziazione di stipendio e benefit è una fase importante del processo di assunzione. È essenziale dimostrare il proprio valore e le proprie capacità per ottenere il compenso e i benefit desiderati. In questo capitolo analizzeremo l'importanza di negoziare retribuzione e benefit e vi daremo consigli su come condurre una trattativa di successo.

1. Fate una ricerca: prima di iniziare le trattative salariali, fate una ricerca approfondita sugli stipendi e i benefit offerti per posizioni simili nel vostro settore e nella vostra regione. Consultate fonti affidabili, come le agenzie di collocamento, i rapporti sulle retribuzioni e le associazioni professionali. Disporre di dati accurati vi fornirà una base solida per le vostre trattative.

2. Conoscere il vostro valore: valutate le vostre competenze, esperienze e risultati per determinare il vostro valore sul mercato del lavoro. Pensate a ciò che apportate all'azienda in termini di conoscenze, competenze e risultati. Più conoscete il vostro valore, più sarete in grado di giustificare le vostre richieste nelle trattative.

3. Stabilite i vostri obiettivi: Prima di negoziare, stabilite i vostri obiettivi in termini di retribuzione e benefit. Definite un range salariale realistico in base alle vostre ricerche e competenze. Individuate anche i benefit che vi stanno a cuore, come la flessibilità del lavoro, i benefit accessori o le opportunità di formazione e sviluppo. Avere una visione chiara dei vostri obiettivi vi aiuterà a sentirvi sicuri e preparati durante la negoziazione.

4. Scegliete il momento giusto: scegliete il momento giusto per avviare le trattative salariali. L'ideale è aspettare che il datore di lavoro abbia mostrato interesse per voi e vi abbia fatto un'offerta. In questo modo avrete una migliore posizione negoziale. In questa fase, preparatevi a discutere della retribuzione e dei benefit, evidenziando le vostre qualifiche e presentando argomenti solidi.

5. Preparate le vostre argomentazioni: Prima della trattativa, preparate le vostre argomentazioni per giustificare le vostre richieste di retribuzione e benefit. Evidenziate le vostre competenze, i vostri risultati e i vantaggi che apporterete all'azienda. Utilizzate esempi concreti per illustrare il vostro valore aggiunto. Preparate anche le risposte alle eventuali obiezioni che il datore di lavoro potrebbe sollevare.

6. Iniziate a chiedere di più: quando iniziate a negoziare, iniziate a chiedere uno stipendio leggermente più alto rispetto al vostro obiettivo reale. In questo modo avrete un margine di manovra nelle trattative e potrete ottenere uno stipendio più vicino alle vostre aspettative. Siate sicuri di voi stessi e presentate le vostre argomentazioni in modo chiaro e convincente.

7. Siate flessibili: le trattative salariali spesso comportano una certa dose di compromessi. Siate pronti a essere flessibili e a

trovare soluzioni che soddisfino sia voi che il datore di lavoro. Ad esempio, se l'azienda non può aumentare il vostro stipendio, potete negoziare benefici aggiuntivi come giorni di ferie in più, formazione professionale o opportunità di avanzamento.

8. Ascoltare attentamente: Durante la negoziazione, ascoltate attentamente le argomentazioni e le proposte del datore di lavoro. Siate aperti alla discussione e mostrate interesse per le esigenze dell'azienda. Comprendete che la negoziazione è un processo di scambio e di ricerca di soluzioni reciprocamente vantaggiose.

9. Siate pronti a prendere una decisione: quando raggiungete un accordo su stipendio e benefit, siate pronti a prendere una decisione. Valutate i pro e i contro dell'offerta, tenendo conto dei vostri obiettivi e della vostra situazione personale. Se l'offerta non soddisfa le vostre aspettative, siate pronti a rifiutare gentilmente e a cercare altre opportunità.

La negoziazione di stipendio e benefit è un passo importante per stabilire un compenso equo e ottenere benefit all'altezza delle vostre aspettative. Fate ricerche approfondite, conoscete il vostro valore, fissate i vostri obiettivi e preparate le vostre argomentazioni. Siate flessibili, ascoltate attentamente e preparatevi a prendere una decisione informata. Una negoziazione efficace può aiutarvi a ottenere una retribuzione e dei benefit che riflettano il vostro valore professionale.

CAPITOLO 11:
EVITARE GLI ERRORI PIÙ COMUNI NEI COLLOQUI

Durante un colloquio di lavoro è naturale voler fare la migliore impressione possibile sui selezionatori. Tuttavia, è importante saper riconoscere ed evitare gli errori più comuni che potrebbero compromettere le vostre possibilità di ottenere il lavoro. In questo capitolo esamineremo gli errori più comuni nei colloqui di lavoro e vi daremo consigli su come evitarli.

1. Arrivare in ritardo: uno degli errori più comuni è arrivare in ritardo a un colloquio. Dà un'impressione di disorganizzazione e di mancanza di rispetto nei confronti dei selezionatori. Assicuratevi di pianificare il viaggio in anticipo, di tenere conto di eventuali ritardi e di arrivare abbastanza presto per sistemarvi e prepararvi.

2. Mancanza di preparazione: non prepararsi a sufficienza per un colloquio è un grave errore. Fate ricerche approfondite sull'azienda, sulla posizione e sulle persone con cui farete il colloquio. Preparate le risposte alle domande più comuni e preparate esempi concreti delle vostre capacità e dei vostri

risultati. Una buona preparazione vi permetterà di rispondere in modo più convincente e di dimostrare il vostro interesse per il lavoro.

3. Mancanza di fiducia: la mancanza di fiducia può manifestarsi con un linguaggio del corpo esitante, un tono di voce debole o risposte vaghe. È importante credere nelle proprie capacità e nel proprio valore. Esercitatevi a rispondere in anticipo, utilizzate tecniche di rilassamento per calmare i nervi e ricordate i vostri successi passati. Un atteggiamento sicuro di sé rafforzerà la vostra immagine presso i selezionatori.

4. Rispondere in modo inappropriato: è fondamentale rispondere in modo appropriato alle domande poste durante il colloquio. Evitate risposte troppo lunghe o troppo brevi, rimanete concentrati sulla domanda posta e rispondete in modo chiaro e conciso. Ascoltate attentamente le domande e prendetevi del tempo per riflettere prima di rispondere. Fate attenzione al linguaggio del corpo mentre rispondete e mostrate impegno e interesse.

5. Non fare domande: Alla fine del colloquio, i selezionatori di solito vi danno la possibilità di fare le vostre domande. Non fare domande può dare l'impressione che non siate interessati al lavoro o all'azienda. Preparate un elenco di domande pertinenti sull'azienda, sulla posizione, sulla cultura aziendale o sulle opportunità di sviluppo. In questo modo dimostrerete il vostro interesse e il vostro impegno nei confronti dell'azienda.

6. Criticare gli ex datori di lavoro: evitate di criticare i vostri ex datori di lavoro durante il colloquio, anche se avete avuto esperienze negative. Rimanete professionali e concentratevi sulle lezioni apprese e sulle competenze acquisite grazie a queste esperienze. I selezionatori apprezzano i candidati in grado di

affrontare le situazioni difficili in modo costruttivo e positivo.

7. Mancanza di follow-up: dopo il colloquio, è essenziale contattare i selezionatori per ringraziare il team di reclutamento e ribadire il vostro interesse per il lavoro. Trascurare il follow-up può dare l'impressione che non siate sufficientemente motivati o interessati. Inviate un'e-mail di ringraziamento entro 24-48 ore dal colloquio per mantenere una buona impressione.

8. Non essere autentici: è importante essere se stessi durante il colloquio. Cercare di essere qualcun altro o dare risposte artificiose può essere facilmente individuato dai selezionatori. Siate onesti, trasparenti e autentici nelle vostre risposte. Mostrate la vostra vera personalità, pur rimanendo professionali.

Evitare questi errori comuni nei colloqui può migliorare le vostre possibilità di successo. Assicuratevi di arrivare in orario, di prepararvi adeguatamente e di mostrarvi sicuri di voi stessi. Rispondete in modo appropriato, ponete domande pertinenti ed evitate le critiche negative. Dopo il colloquio, seguite il colloquio e siate sinceri. Evitando questi errori, potrete presentarvi nella migliore luce possibile e distinguervi dagli altri candidati.

CAPITOLO 12: DISTINGUERSI DAGLI ALTRI CANDIDATI

In un mercato del lavoro competitivo, distinguersi dalla massa può fare la differenza nel processo di selezione. I selezionatori cercano candidati che si distinguano dalla massa, che aggiungano valore e che dimostrino motivazione e impegno. In questo capitolo esploreremo diverse strategie per distinguervi dagli altri candidati e aumentare le vostre possibilità di successo.

1. Fate una prima impressione memorabile: la prima impressione che fate ai selezionatori è fondamentale. Siate professionali, educati e ben preparati al primo contatto. Vestitevi in modo appropriato, mantenete un linguaggio del corpo sicuro e siate cortesi con tutti i membri del team di reclutamento. Una prima impressione positiva vi distinguerà immediatamente dagli altri candidati.

2. Personalizzate la vostra candidatura: non limitatevi a inviare una candidatura generica. Personalizzate il vostro CV, la lettera di presentazione e qualsiasi altra documentazione per dimostrare che vi siete presi il tempo necessario per capire l'azienda e il lavoro. Evidenziate le vostre competenze e i vostri risultati che corrispondono alle esigenze dell'azienda. Una candidatura

personalizzata dimostra il vostro genuino interesse e il vostro investimento nell'opportunità.

3. Evidenziate i vostri risultati: Quando descrivete le vostre esperienze passate, sottolineate i vostri successi e i risultati che avete ottenuto. I selezionatori sono interessati ai risultati ottenuti e al contributo che potete dare alla loro azienda. Utilizzate cifre, statistiche o esempi concreti per illustrare i vostri successi. Questo vi aiuterà a distinguervi dagli altri candidati.

4. Mostrate la vostra motivazione: i selezionatori cercano candidati motivati e appassionati. Durante il colloquio esprimete il vostro interesse per l'azienda, la posizione e il settore. Parlate del motivo per cui siete attratti da questa specifica opportunità e di come potete contribuire al raggiungimento degli obiettivi dell'azienda. Una motivazione autentica può distinguervi da altri candidati che potrebbero sembrare meno impegnati.

5. Evidenziate le vostre competenze uniche: identificate le vostre competenze uniche e differenzianti e mettetele in evidenza durante il colloquio. Che si tratti di una particolare competenza tecnica, di un'esperienza internazionale o di doti di leadership, assicuratevi che i selezionatori riconoscano ciò che vi distingue dagli altri candidati. Evidenziate il modo in cui queste competenze possono aggiungere valore all'azienda.

6. Siate pronti a condividere idee innovative: durante il colloquio, preparate idee innovative che siano rilevanti per l'azienda. Dimostrate di aver dedicato del tempo a familiarizzare con le sfide dell'azienda e a proporre soluzioni creative. In questo modo dimostrerete il vostro pensiero strategico e la vostra capacità di apportare nuove prospettive.

7. Sviluppare la rete professionale: investite nello sviluppo della vostra rete professionale. Partecipate a eventi, conferenze o webinar relativi al vostro settore di attività. Entrate in contatto con professionisti influenti nel vostro settore e mantenete solide relazioni professionali. Una rete estesa può darvi accesso a opportunità uniche e aiutarvi a distinguervi dagli altri candidati.

8. Continuare a imparare e svilupparsi: dimostrate la vostra volontà di imparare e svilupparvi continuamente. Menzionate qualsiasi formazione, certificazione o iniziativa di apprendimento che avete intrapreso per migliorare le vostre competenze. I selezionatori apprezzano i candidati disposti a migliorarsi e ad aggiornarsi nel loro campo.

9. Siate autentici: infine, siate voi stessi. Mostrate la vostra vera personalità e lasciate trasparire i vostri valori e la vostra etica lavorativa. I selezionatori cercano di entrare in contatto con i candidati e di trovare quelli che si adattano alla cultura aziendale. Siate autentici e lasciate trasparire la vostra personalità.

Mettendo in pratica queste strategie, potrete distinguervi dagli altri candidati e attirare l'attenzione dei selezionatori. Fate una prima impressione memorabile, personalizzate la vostra candidatura, mettete in evidenza i vostri risultati e la vostra motivazione e dimostrate le vostre competenze uniche. Continuate a imparare, sviluppate la vostra rete professionale e rimanete autentici durante il processo di selezione. Distinguendovi dagli altri candidati, aumenterete le possibilità di successo e di ottenere il lavoro che desiderate.

CAPITOLO 13: USARE I SOCIAL NETWORK PER TROVARE LAVORO

Nel mondo di oggi, i social network svolgono un ruolo sempre più importante nella ricerca di lavoro. Piattaforme come LinkedIn, Twitter e Facebook offrono opportunità uniche per entrare in contatto con professionisti, cercare offerte di lavoro e promuovere il proprio marchio personale. In questo capitolo analizzeremo come utilizzare efficacemente i social network per ottimizzare la vostra ricerca di lavoro.

1. Creare un profilo professionale: il primo passo per utilizzare i social network nella ricerca di lavoro è creare un solido profilo professionale. Su LinkedIn, aggiornate il vostro profilo con un riassunto accattivante, una foto professionale e un elenco completo delle vostre competenze, esperienze e risultati. Assicuratevi anche che i vostri altri profili sui social network riflettano un'immagine professionale e adeguata.

2. Sviluppate la vostra rete: i social network offrono un'opportunità unica per entrare in contatto con i professionisti del vostro settore. Cercate persone influenti, reclutatori o professionisti che lavorano nelle aziende che vi interessano. Inviate loro una richiesta di connessione personalizzata,

spiegando il vostro interesse comune e il vostro desiderio di saperne di più. Lo sviluppo della vostra rete vi darà accesso a nuove opportunità e vi permetterà di beneficiare di consigli e raccomandazioni.

3. Condividere contenuti rilevanti: utilizzate i social network per condividere contenuti rilevanti relativi alla vostra area di competenza. Pubblicate articoli, video o link a risorse interessanti. Condividete i vostri pensieri e le vostre idee su argomenti rilevanti. In questo modo dimostrerete la vostra competenza e il vostro interesse per il vostro settore, attirando l'attenzione di reclutatori e potenziali datori di lavoro.

4. Cercate offerte di lavoro: i social network sono pieni di opportunità di lavoro. Seguite le pagine aziendali, i gruppi professionali e gli account dedicati al lavoro. Tenete d'occhio gli annunci di lavoro e utilizzate gli strumenti di ricerca per trovare le opportunità che corrispondono alle vostre competenze e ai vostri interessi. Non esitate a candidarvi online o a contattare direttamente i selezionatori.

5. Interagire con i potenziali datori di lavoro: I social network offrono l'opportunità di interagire direttamente con i potenziali datori di lavoro. Commentate le pubblicazioni delle aziende che vi interessano, fate domande o partecipate a discussioni pertinenti. Mostrate il vostro interesse e il vostro impegno per l'azienda. Questa interazione può aiutarvi a farvi notare e a costruire relazioni con i principali responsabili delle decisioni.

6. Cura la tua e-reputation: quando usi i social network nella ricerca di lavoro, è importante curare la tua e-reputation. Assicuratevi che i vostri post, commenti e interazioni riflettano un'immagine professionale e positiva. Evitate post controversi o inappropriati che potrebbero danneggiare la vostra candidatura.

I selezionatori possono vedere il vostro profilo online, quindi assicuratevi che ciò che trovano rafforzi la vostra immagine professionale.

7. Sfruttate le caratteristiche specifiche di ogni social network: ogni social network offre caratteristiche specifiche che potete utilizzare per ottimizzare la vostra ricerca di lavoro. Su LinkedIn, ad esempio, potete chiedere raccomandazioni, unirvi a gruppi professionali o utilizzare lo strumento di ricerca di lavoro. Esplorate queste funzioni e sfruttatele per massimizzare le vostre possibilità di successo.

8. Rimanete attivi e impegnati: Per trarre il massimo vantaggio dai social network nella ricerca di lavoro, rimanete attivi e impegnatevi regolarmente. Condividete gli aggiornamenti, commentate i post degli altri e rispondete ai messaggi. Più sarete attivi e impegnati, più sarete visibili ai selezionatori e ai potenziali datori di lavoro.

Utilizzando i social network in modo efficace, potete ampliare la vostra rete professionale, cercare opportunità di lavoro, condividere le vostre competenze e interagire con potenziali datori di lavoro. Create un profilo professionale forte, condividete contenuti pertinenti, cercate opportunità di lavoro e interagite attivamente con i professionisti del vostro settore. Utilizzando i social network in modo strategico, potete aumentare le possibilità di trovare opportunità di lavoro e distinguervi dagli altri candidati.

CAPITOLO 14: FOLLOW-UP PROFESSIONALE DOPO IL COLLOQUIO

Dopo un colloquio, è essenziale dare un seguito professionale per rafforzare la vostra candidatura e mantenere un buon rapporto con i selezionatori. Il follow-up dimostra il vostro interesse e il vostro impegno per il lavoro, mantenendovi in cima ai pensieri dei selezionatori. In questo capitolo analizzeremo l'importanza del follow-up professionale e vi daremo consigli su come farlo in modo efficace.

1. Inviate un'e-mail di ringraziamento: Entro 24-48 ore dal colloquio, inviate un'e-mail di ringraziamento alle persone con cui avete interagito. Rivolgetevi a ciascuna persona individualmente ed esprimete la vostra gratitudine per il tempo che vi hanno dedicato. Menzionate i punti specifici del colloquio che vi hanno particolarmente interessato o colpito. Mostrate il vostro entusiasmo per il lavoro e il vostro interesse a proseguire il processo di selezione.

2. Siate concisi e professionali: quando scrivete l'e-mail di

ringraziamento, siate concisi e professionali. Evitate messaggi troppo lunghi o troppo informali. Assicuratevi di correggere eventuali errori ortografici o grammaticali prima di inviare l'e-mail. Usate un tono educato e rispettoso, pur rimanendo autentici nell'esprimere la vostra gratitudine.

3. Ricordate i punti salienti del colloquio: approfittate dell'e-mail di ringraziamento per ricordare brevemente alcuni dei punti salienti del colloquio. Menzionate le competenze, l'esperienza o i risultati specifici che sono stati discussi. Questo rafforza la vostra candidatura e dimostra che avete conservato le informazioni chiave del colloquio.

4. Se avete discusso con più persone, adattate il vostro messaggio a ciascuna di esse. Fate riferimento a punti specifici della discussione con ogni persona. Questo dimostra la vostra attenzione ai dettagli e la vostra considerazione personale per ogni membro del team di reclutamento.

5. Rimanete professionali sui social network: dopo il colloquio, continuate a essere professionali sui social network. Evitate post inappropriati o controversi che potrebbero compromettere la vostra immagine professionale. I selezionatori possono vedere il vostro profilo online, quindi assicuratevi che ciò che trovano rafforzi la vostra candidatura e presenti un'immagine positiva di voi.

6. Seguite le scadenze concordate: se i selezionatori vi hanno dato una stima di quando prenderanno una decisione, seguite le scadenze concordate. Non inviate e-mail ripetitive o solleciti eccessivi. Rispettate il processo di selezione e aspettate pazientemente la loro risposta.

7. Seguire in modo appropriato: se non avete ricevuto risposta per qualche tempo, è accettabile seguire i selezionatori in modo appropriato. Inviate un'e-mail cortese per chiedere informazioni sullo stato della vostra candidatura. Ricordate brevemente il vostro interesse per il lavoro e chiedete se hanno bisogno di altre informazioni. Tenete presente che i tempi di selezione possono variare a seconda di vari fattori, quindi siate pazienti e rispettosi nel vostro approccio.

8. Rimanete positivi e professionali in caso di rifiuto: se ricevete una risposta negativa, rimanete positivi e professionali nella vostra risposta. Esprimete la vostra gratitudine per l'opportunità di aver partecipato al processo di selezione e ringraziate per avervi preso in considerazione per la posizione. Chiedete se potete rimanere in contatto per eventuali opportunità future. Mantenere un atteggiamento positivo e professionale, anche in caso di rifiuto, può aprire le porte a futuri contatti e opportunità professionali.

Un follow-up professionale dopo il colloquio è un passo importante per rafforzare la vostra candidatura e mantenere un buon rapporto con i selezionatori. Inviate un'e-mail di ringraziamento entro i termini previsti, personalizzando il messaggio e ricordando i punti di forza del colloquio. Siate professionali sui social network, rispettate le scadenze concordate e, se necessario, fate le dovute verifiche. Mantenete un atteggiamento positivo e professionale, anche in caso di rifiuto. Un follow-up professionale dimostra la vostra professionalità e il vostro interesse per il lavoro, il che può distinguervi dagli altri candidati e aprirvi le porte a future opportunità.

CAPITOLO 15: CONDURRE INTERVISTE TELEFONICHE E ONLINE DI SUCCESSO

Con l'evoluzione della tecnologia e le nuove realtà del mondo del lavoro, i colloqui telefonici e online sono diventati fasi comuni del processo di selezione. Questi tipi di colloqui offrono flessibilità sia ai selezionatori che ai candidati, ma presentano anche sfide particolari. In questo capitolo esploreremo le strategie e le best practice per colloqui telefonici e online di successo.

1. Preparatevi come per un colloquio di persona: anche se il colloquio si svolge a distanza, è importante prepararsi come per un colloquio di persona. Informatevi sull'azienda e sul lavoro, preparate le risposte alle domande più comuni ed esercitatevi nella presentazione. Assicuratevi inoltre di disporre di una connessione Internet stabile, di un ambiente tranquillo e dell'attrezzatura giusta, come cuffie e una webcam funzionante.

2. Test dell'apparecchiatura: Prima di effettuare la manutenzione,

verificare che l'apparecchiatura funzioni correttamente. Controllate la qualità audio e video di microfono, altoparlanti e webcam. Assicuratevi inoltre di avere l'ultima versione del software necessario per il colloquio online, sia esso Zoom, Skype o piattaforme simili. Effettuando questi test in anticipo, eviterete problemi tecnici durante il colloquio.

3. Creare un ambiente favorevole: scegliere un luogo tranquillo e ben illuminato per il colloquio. Eliminate le potenziali distrazioni, come i rumori di fondo o le interruzioni impreviste. Create uno spazio pulito e professionale sullo sfondo. Assicuratevi inoltre di disporre di una connessione Internet affidabile per evitare interruzioni durante il colloquio.

4. Vestitevi in modo professionale: anche se siete a casa, vestitevi in modo professionale per il colloquio. Scegliete abiti adeguati all'azienda e al lavoro, come se doveste sostenere un colloquio di persona. Questo vi aiuterà a mettervi nel giusto stato d'animo e a dimostrare il vostro impegno nel colloquio.

5. Prestate attenzione al linguaggio del corpo: anche se i selezionatori vedono solo una parte di voi durante un colloquio telefonico o online, il vostro linguaggio del corpo svolge comunque un ruolo importante. State seduti dritti, mantenete il contatto visivo con la telecamera e mostrate impegno ed entusiasmo nella voce. Sorridete e usate gesti appropriati per rafforzare il vostro messaggio. Il vostro linguaggio del corpo trasmetterà ai selezionatori un'immagine professionale e positiva.

6. Parlare chiaramente e ascoltare attentamente: Durante il colloquio, parlate chiaramente ed evitate di parlare troppo velocemente. Fate attenzione alla vostra voce e alla dizione. Ascoltate attentamente le domande dei selezionatori e prendete tempo per pensare prima di rispondere. Siate pazienti ed educati

nelle interazioni online.

7. Utilizzare note di promemoria: uno dei vantaggi dei colloqui telefonici e online è la possibilità di utilizzare note di promemoria. Preparate i punti chiave, gli esempi o le domande che volete trattare e teneteli a portata di mano. Tuttavia, fate attenzione a non affidarvi troppo ai vostri appunti e mantenete il più possibile il contatto visivo con i selezionatori.

8. Seguite le stesse regole professionali per il follow-up: dopo il colloquio telefonico o online, inviate un'e-mail di ringraziamento per esprimere la vostra gratitudine e ribadire il vostro interesse per la posizione. Seguite le stesse regole professionali di un colloquio di persona.

I colloqui telefonici e online presentano sfide uniche, ma se vi preparate adeguatamente e seguite le migliori prassi, potrete avere successo. Preparatevi come per un colloquio faccia a faccia, testate l'attrezzatura, create un ambiente favorevole e vestitevi in modo professionale. Prestate attenzione al linguaggio del corpo, parlate chiaramente e ascoltate con attenzione. Utilizzate con giudizio i promemoria e seguite le stesse regole di follow-up professionale. Seguendo questi consigli, sarete ben attrezzati per avere successo nei colloqui telefonici e online e distinguervi dalla massa.

CONCLUSIONE: OTTENERE IL SUCCESSO IN UN COLLOQUIO DI LAVORO

In questo libro abbiamo esplorato in dettaglio le diverse fasi e gli aspetti chiave di un colloquio di lavoro di successo. Abbiamo analizzato la preparazione, l'importanza di documentarsi in anticipo sull'azienda e sul lavoro, come mettere in evidenza le proprie competenze ed esperienze e le tecniche per distinguersi dagli altri candidati.

Abbiamo anche discusso dell'importanza della fiducia in se stessi, della comunicazione efficace, della gestione dello stress e dell'ansia, nonché dell'uso dei social network e dei colloqui online. Tutti questi passaggi sono essenziali per massimizzare le possibilità di successo in un colloquio di lavoro.

È fondamentale capire che ogni colloquio è un'opportunità per presentarsi in modo autentico e professionale. Ogni interazione con i selezionatori è un'opportunità per dimostrare il vostro valore, la vostra competenza e la vostra motivazione per il lavoro.

Ogni domanda che vi viene posta è un'opportunità per dimostrare la vostra capacità di risolvere i problemi, lavorare in gruppo e adattarvi alle situazioni professionali.

La preparazione è la chiave del successo in un colloquio di lavoro. Investendo tempo e sforzi in ricerche preliminari, preparando le risposte alle domande più comuni e identificando e mettendo in evidenza i vostri punti di forza, avrete le migliori possibilità di successo.

Tuttavia, è importante ricordare che, nonostante la preparazione meticolosa, possono esserci momenti in cui ci si sente meno sicuri di sé o si dà la risposta sbagliata. In queste situazioni, è importante mantenere la calma, concentrarsi e continuare a dare il meglio di sé. I selezionatori apprezzano l'autenticità e la capacità di affrontare le sfide con professionalità.

Dopo il colloquio, è essenziale dare un seguito professionale, sia con un'e-mail di ringraziamento che con un follow-up appropriato. Questo dimostra il vostro impegno e interesse per il lavoro e mantiene un buon rapporto con i selezionatori.

In conclusione, un colloquio di lavoro di successo richiede una combinazione di preparazione, fiducia in se stessi, capacità di comunicazione e capacità di adattamento. È un processo in continua evoluzione, che tiene conto delle nuove tecnologie e delle nuove realtà del mondo del lavoro.

Questo libro si propone di fornire gli strumenti e le conoscenze necessarie per affrontare un colloquio di lavoro con sicurezza e successo. Ricordate che ogni esperienza è un'opportunità per imparare e crescere professionalmente.

Vi incoraggiamo a continuare a prepararvi, a sviluppare le vostre capacità e a mantenere un atteggiamento positivo durante la vostra carriera. Con la giusta preparazione, la giusta fiducia e la volontà di migliorare, potrete avere successo ai colloqui di lavoro e avvicinarvi ai vostri obiettivi di carriera.

Vi auguriamo il meglio per le vostre future opportunità professionali e speriamo che questo libro vi abbia aiutato sulla strada del successo nei colloqui di lavoro.

Buona fortuna!